Christopher Klüss

Betrugsrelevanter Irrtum beim Abrechnungsvorgang

GRIN Verlag

Bibliografische Information der Deutschen Nationalbibliothek:

Die Deutsche Bibliothek verzeichnet diese Publikation in der Deutschen National-
bibliografie; detaillierte bibliografische Daten sind im Internet über http://dnb.d-
nb.de/ abrufbar.

Impressum:

Copyright © 2013 GRIN Verlag GmbH
Druck und Bindung: Books on Demand GmbH, Norderstedt Germany
ISBN: 978-3-656-73819-0

Dieses Buch bei GRIN:

http://www.grin.com/de/e-book/279960/betrugsrelevanter-irrtum-beim-abrech-
nungsvorgang

GRIN - Your knowledge has value

Der GRIN Verlag publiziert seit 1998 wissenschaftliche Arbeiten von Studenten, Hochschullehrern und anderen Akademikern als eBook und gedrucktes Buch. Die Verlagswebsite www.grin.com ist die ideale Plattform zur Veröffentlichung von Hausarbeiten, Abschlussarbeiten, wissenschaftlichen Aufsätzen, Dissertationen und Fachbüchern.

Besuchen Sie uns im Internet:

http://www.grin.com/

http://www.facebook.com/grincom

http://www.twitter.com/grin_com

HOCHSCHULE TRIER

Umwelt-Campus Birkenfeld

Umwelt macht Karriere.

BGH 5 StR 394/08
-Betrugsrelevanter Irrtum beim Abrechnungsvorgang-

Referat in dem Seminar

"Insolvenz- und Wirtschaftsstrafrecht"

im SS 2013

verfasst durch

Christopher Klüss

6. Semester

Inhaltsverzeichnis

A. Einleitung

Der Betrug i.S.v. § 263 StGB in all seinen Facetten ist ein Kernbereich des Strafrechts. Alarmierend ist, dass die Anzahl der erfassten Betrugstatbestände jährlich ansteigt. Durch das BKA[1] wurden beispielsweise im Jahr 2003 876.032 Betrugsfälle erfasst.[2] 2012 registrierte man bereits 958.515 Fälle, was einer Steigerungsrate i.H.v. 2,5 % zum Vorjahr entspricht.[3] Insofern kann gesagt werden, dass diese stetige Zunahme Staat und Gesellschaft immer mehr beinträchtigen.[4] Einen ganz wesentlichen Anteil hieran nimmt die nicht näher zu konkretisierende „Beförderungserschleichung" mit 253.312 Fällen im Jahr 2012 ein.[5] Der Abrechnungsbetrug, war mit 7.347 Fällen im Jahr 2012 vertreten, wobei zu erwähnen ist, dass die Anzahl der Betrugsfälle im Vergleich zum Vorjahr um 45,6 % anstieg.[6] Unabhängig von der Frage, ob es sich im hier zu diskutierenden Fall der Berliner Stadt Reinigung[7] um Abrechnungsbetrug oder Gebühren- bzw. Abgabenübererhebung handelt, ist die steigende Tendenz der Betrugsfälle im Allgemeinen und insbesondere die des Abrechnungsbetrugs als problematisch anzusehen. Betrugstatbestände werden neuerdings auch im deutschsprachigen Raum unter dem Begriff „white-collar-crime", zu Deutsch „Weiße Kragen Kriminalität" zusammengefasst. Insofern ergibt sich eine strikte Trennung von der sogenannten „Blauen Kragen Kriminalität". Kennzeichnend für die Weiße Kragen Kriminalität ist, dass sie von Personen begangen wird, die höheren sozioökonomischen Schichten angehören.[8] Zurückkommend auf den Betrugstatbestand im Allgemeinen, ist auffällig, dass Betrugsfälle nichtsdestotrotz eine relativ hohe Aufklärungsquote aufweisen.[9] Zudem ist bemerkenswert, dass sie sich, sofern man auf die Anzahl der Betrugsfälle in Relation zu einer festen Bevölkerungsgröße in einem Bundesland abstellt, mit

---

[1]BKA = Bundeskriminalamt.
[2] PKS 2003, S. 190.
[3] PKS 2012, S. 56.
[4] Müller/Wabnitz/Janovsky, Wirtschaftskriminalität, S. 1, Rn. 1.
[5] PKS 2012, S. 56.
[6] PKS 2012, S. 57.
[7] Im Folgenden als BSR abgekürzt.
[8] Kaiser, Kriminologie, S. 839, Rn. 1.
[9] PKS 2012, S. 56: Die Aufklärungsquote für Betrugsdelikte im Sinne der §§ 263, 263a, 264, 264a, 265, 265a, 265b StGB lag 2012 bei 78,3 %. Ein Diebstahl an Kraftfahrzeugen wird jedoch vergleichsweise nur in 10,1 % der Fälle aufgeklärt.

1920 Betrugsfällen je 100.000 Einwohner am häufigsten im Bundesland Berlin ereignen, in welchen auch die BSR tätig ist.[10]

Im folgenden wird der Beschluss des BGH vom 09.06.09 mit dem Aktenzeichen 5 StR 394/08 dahingehend bearbeitet, dass zunächst der Sachverhalt des Urteils zu schildern ist und sodann eine umfangreiche Prüfung der Fragestellung erfolgt, ob im vorliegenden Fall die Tatbestandsvoraussetzungen des Betrugs bzw. der Abgaben- bzw. Gebührenübererhebung erfüllt sind. Schlussendlich wird die Entscheidung des BGH dargestellt und im Fazit kritisch hinterfragt.

B. Sachverhalt

I. Angeklagter

Angeklagter war im vorliegenden Sachverhalt das Vorstandsmitglied G der BSR. Die Bereiche, welche seiner Verantwortung unterstanden, waren zum einen die Reinigung an sich sowie die Abwicklung kaufmännischer Dienstleistungen. Diese Funktionen übte er seit 1995 aus.[11]

II. Tathandlung

Die BSR war und ist auch heute noch eine öffentlich-rechtliche Anstalt. Dementsprechend handelte die BSR hoheitlich[12], die Anlieger im Land Berlin hingegen unterlagen dem Anschluss- und Benutzungszwang.

Die Kalkulation der Gebühren war so bemessen, dass 75 % der Kosten für die Straßenreinigung generell von den Anliegern zu tragen waren und 25 % der Kosten durch das Land Berlin übernommen wurden.[13] Sofern Straßen jedoch keine Anlieger hatten, mussten die Gebühren für die Reinigung dieser Straßenabschnitte zu 100 % vom Land Berlin getragen werden.[14] Hiermit sollte gerade verhindert werden, dass die sonstigen Anlieger für die Reinigung dieser

---

[10] PKS 2003, S. 195.
[11] Juris Urteilsbesprechung, BGH 5 StR 394/08, Rn. 3.
[12] Siehe § 4 I StrReinG BER.
[13] § 7 I StrReinG BER.
[14] § 7 VI StrReinG BER.

Straßenabschnitte mit höheren Gebühren belastet werden. Die Kalkulation der Gebühren fand in der Tarifperiode 1999/2000 durch die sogenannte Projektgruppe Tarifkalkulation statt.

Aufgrund eines Fehlers wurden die Reinigungsentgelte der Straßen ohne Anlieger unter Verstoß gegen § 7 VI StrReinG BER zu 75 % den Anliegern der sonstigen Straßen in Berlin in Rechnung gestellt wobei das Land Berlin grundsätzlich allein für die Kostentragung verantwortlich gewesen wäre. 2 Jahre danach wollte die Projektgruppe diesen Fehler korrigieren, der Angeklagte G gab jedoch die Weisung dies zu unterlassen.[15] Durch diese Entscheidung, wurden die Berliner Anlieger rechtswidrig mit höheren Gebühren belastet.

C. Prüfung der Tathandlung nach § 263 StGB

Zunächst ist fraglich, ob der dargestellte Sachverhalt die objektiven und subjektiven Tatbestandsvoraussetzungen des Betrugs i.S.v. § 263 StGB verwirklicht. Dementsprechend erfolgt eine Prüfung des Betrugs als allgemeinem Vermögensdelikt vor der Prüfung der Sonderdelikte nach den §§ 352, 353 StGB.

I. Der objektive Tatbestand des Betrugs

a) Täuschung

In den letzten Jahren hat die Rechtsprechung des EuGH die Anforderungen an die Täuschungshandlungen beeinflusst. Während seitens des BGH eine sehr verbraucherfreundliche Herangehensweise an den Täuschungsbegriff geprägt wurde und dieser somit auch sehr ungeschickte Handlungen als Täuschungen qualifiziert, geht der EuGH vom verständigen, informierten und aufmerksamen Bürger aus.[16] Als Folge dessen wird den Verbrauchern mehr Verantwortung zur Interpretation einer Sachlage aufgebürdet. Dies kann jedoch nicht soweit

---

[15] Juris Urteilsbesprechung, BGH 5 StR 394/08, Rn. 4 ff..
[16] EuGH, Gut Springeheide.

gehen, dass ein Durchschnittsbürger die Grundlagen der Gebührenkalkulation der BSR zu kennen hat. Insofern war ein Erkennen der Täuschungshandlung unter beiden Maßstäben nicht zu erwarten.

1. Täterschaft

Zunächst ist klarzustellen, welche verschiedenen Täterschaftstheorien von Literatur und Rechtsprechung entwickelt wurden . Konsens besteht praktisch nur bei der Feststellung, dass es keine Tat ohne einen Täter geben könne.[17] Dementsprechend sollen nachfolgend die einschlägigen Täterschaftstheorien dargestellt werden, wobei gleichzeitig eine Beurteilung des zu diskutierenden Sachverhalts erfolgt. Anschließend wird noch näher auf die Begriffe der Täterschaft und der mittelbaren Täterschaft i.S.V. § 25 StGB einzugehen sein.

aa) Täterschaftstheorien

In Lehre, Rechtsprechung und Literatur sind 4 Täterschaftstheorien von besonderer Bedeutung. Zum einen wird die formal objektive Theorie vertreten. Kennzeichnend für diese ist, dass der Täter den Tatbestand selbst verwirklichen muss. Jede weitere involvierte Person wäre als Teilnehmer der Tat zu bezeichnen. Dementsprechend verbietet sich die Annahme einer mittelbaren Täterschaft bei an der Tat beteiligten unter Zugrundelegung dieser Theorie.[18] G hat im Sachverhalt selbst nicht gehandelt, vielmehr wurde der Kalkulationsfehler von einer Projektgruppe verursacht. Der Angeklagte hat diesen lediglich gebilligt und eine Korrektur untersagt. Somit kann G unter Zugrundelegung dieser Theorie kaum als Täter anzusehen sein.

Zu einem anderen Ergebnis kommt man schließlich bei Anwendung der materiell objektiven Theorie. Im Sinne dieser wird nicht auf die eigentliche Begehung der Tat abgestellt, sondern auf die Gefährlichkeit des Tatbeitrags.[19]

---

[17] Gropp, Strafrecht Allgemeiner Teil, S. 331, Rn. 25.
[18] Gropp, Strafrecht Allgemeiner Teil, S. 331, Rn. 28.
[19] Gropp, Strafrecht Allgemeiner Teil, S. 331, Rn. 30.

Bezieht man mit ein, dass G als Leiter des Ressorts kaufmännische Betriebsführung die Kontrollverantwortung für die Gebührenkalkulation hatte, so käme durchaus eine Täterschaft des G in Betracht. Hinsichtlich der Prüfung dieser wird insoweit auf Abschnitt bb) verwiesen.

Große Relevanz nimmt zudem die animus-Theorie ein, welche den Täterbegriff weit fasst und zum Ausdruck bringt, dass sämtliche Personen, die ursächlich für die Begehung des Tatbestands sind, auch Täter sein können. Derjenige welcher mit Täterwillen handelt, ist als animus auctoris auch als Täter der Tat anzusehen.[20] Das Vertuschen der fehlerhaften Kalkulation war dem Interesse des G zuzurechnen. Er hatte als Abteilungsleiter auch die ordnungsgemäße Kontrolle der Gebührenkalkulation durchzuführen. Insofern hätte G mit Täterwillen gehandelt und wäre demnach auch als Täter zu qualifizieren.

Zuletzt soll die Tatherrschaftslehre aufgeführt werden, welche sich in der Lehre bisweilen als wichtigste Theorie erwiesen hat. Wie der Ausdruck bereits vermuten lässt, kommt es im Sinne dieser Theorie auf die Tatherrschaft und das Tatinteresse an.[21] Täter ist hiernach, wer gerade den Taterfolg anstrebt und die Tat im Wesentlichen kontrolliert. Wie bereits mehrfach angesprochen, lag die Verwirklichung des Betrugstatbestands im Interesse des G. Als Vorstandsmitglied und Abteilungsleiter konnte dieser unterstellten Mitarbeitern Anweisungen erteilen.[22] Da G den Taterfolg zumindest billigend in Kauf nahm und auch durch seine Anweisungen herbeiführen konnte, wäre er auch nach dieser Theorie als Täter anzusehen.[23]

---

[20] Gropp, Strafrecht Allgemeiner Teil, S. 331, Rn. 31.
[21] Gropp, Strafrecht Allgemeiner Teil, S. 331, Rn. 37.
[22] Vergleicht man den Sachverhalt und die Täterschaftskonstellation mit anderen einschlägigen Urteilen, so stellt man Parallelen mit dem Fahrtenschreiberfall des Oberlandesgerichts Stuttgart fest.
[23] Siehe hierzu näher: Abschnitt V C II a.

bb) Täterschaft und mittelbare Täterschaft

In § 25 des Strafgesetzbuches wird die Täterschaft weiter untergliedert. § 25 I spricht in seiner ersten Alternative die Täterschaft an sich an, im Rahmen der 2. Alternative die sogenannte mittelbare Täterschaft.

Während es im ersteren Fall darum geht, dass jemand nach dem Wortlaut der Vorschrift die Tat sozusagen „eigenhändig" begeht, ist mit dem mittelbaren Täter derjenige gemeint, welcher die Tat gerade durch einen anderen begehen lässt.[24] Somit kann in einem Sachverhalt eine Partei Täter, eine andere mittelbarer Täter sein. G hat nicht selbst gehandelt, sondern sich vielmehr der gutgläubigen Mitarbeiter der BSR bedient, von welchen die Rechnungen ausgestellt wurden. G kontrollierte die Tatbegehung durch diese (s.o.). Insofern ist es kaum verwunderlich, dass seitens des Landgerichts im vorhergehenden Verfahren eine mittelbare Täterschaft des G angenommen wurde.[25] Hingegen kamen die gutgläubigen Mitarbeiter aber nicht als Täter in Betracht, sie handelten schließlich nicht mit Vorsatz, kannten die Täuschungshandlung mitunter nicht und befolgten lediglich die Anweisungen von Vorgesetzten.

2. Täuschungshandlung

Neben der Täterschaft müsste eine Täuschungshandlung stattgefunden haben. In Frage kommt neben der einfachen Täuschung eine konkludente Täuschung oder eine Täuschung durch Unterlassen. Eine Täuschung verlangt das zum Ausdruckbringen einer unwahren Tatsache.[26] Mit den Gebührenbescheiden erfolgte jedoch nicht die Aussage gegenüber den Verbrauchern, dass die Gebühren rechtsfehlerfrei kalkuliert wurden. Insofern ist eine Täuschungshandlung hier nicht anzunehmen. Weiterhin könnte es sich im Sachverhalt um eine konkludente Täuschung des Angeklagten G handeln. Die Prüfung der konkludenten Täuschung hat Vorrang vor der Prüfung der Täuschung durch Unterlassen. Sie kommt dann in Frage, wenn seitens des

---

[24] Gropp, Strafrecht Allgemeiner Teil, S. 331, Rn. 46.
[25] Juris Urteilsbesprechung, BGH 5 StR 394/08, Rn. 18.
[26] Juris Urteilsbesprechung, BGH 5 StR 394/08, Rn. 15.

Täters keine unwahren Aussagen in ausdrücklicher Art und Weise getroffen wurden.[27] Die Aussage, die Kalkulation sei einwandfrei erfolgt, könnte hier jedoch konkludent erfolgt sein. Da es den Verbrauchern, auch unter Zugrundelegung des Verbraucherleitbilds des EuGH nicht zugemutet werden kann, die Gebührenbescheide in irgendeiner Art und Weise zu kontrollieren, dürfen die Adressaten darauf vertrauen, dass die Kalkulation rechtsfehlerfrei erfolgt. Dies ist insbesondere im vorliegenden Fall anzunehmen, da die BSR als Anstalt des öffentlichen Rechts die Bescheide erließ und als öffentliche Einrichtung besonderes Vertrauen in Anspruch nahm.[28] Demzufolge ist hier eine konkludente Täuschung anzunehmen, was auch der Auffassung des Landgerichts im Vorprozess entsprach.[29]

Aufgrund von mittelbarer Täterschaft im Sinne einer konkludenten Täuschung, sind die Anforderung, die an die Täuschung an sich gestellt werden, erfüllt.

b) Irrtum

Neben der festgestellten Täuschung müsste auch ein Irrtum bei den Kunden der BSR als Ergebnis der Täuschungshandlung eingetreten sein.[30] Der Irrtum kann als eine Fehlvorstellung über bestimmte Tatsachen definiert werden.[31] Aufgrund der Fehlkalkulation und der Anweisung des G an die Projektgruppe, diese nicht zu revidieren, hatten die Bürger des Landes Berlin Gebühren zu entrichten, die um 23 Millionen Euro höher ausfielen, als dies durch eine gesetzliche Grundlage gedeckt war.[32] Sie vertrauten darauf, dass die Gebührenbescheide aufgrund einer rechtsfehlerfreien Kalkulation der Gebühren ergangen sind. Insofern lag unstreitig eine Fehlvorstellung über die Durchführung einer einwandfreien Abrechnung vor.

---

[27]Joecks, Studienkommentar StGB, S. 600, Rn. 40.
[28] Juris Urteilsbesprechung, BGH 5 StR 394/08, Rn. 16.
[29] Urteil des Landgerichts Berlin vom 03.03.08, AZ 3 Wi Js 1361/02.
[30] Joecks, Studienkommentar StGB, S. 605, Rn. 69.
[31] Arzt in: Arzt/Weber, Strafrecht Besonderer Teil, § 20, Rn. 50.
[32] Juris Urteilsbesprechung, BGH 5 StR 394/08, Rn. 5.

Zwischen der Täuschungshandlung und dem Eintreten des Irrtums müsste ferner Kausalität bestehen. Hätte G nicht die Anweisung erteilt, den Fehler zu ignorieren, hätten die Bürger rechtlich einwandfreie Gebührenbescheide erhalten. Dementsprechend wäre keine Fehlvorstellung über die Ausstellung einer korrekten Abrechnung entstanden. Die Kausalität zwischen Täuschung und Irrtum ist somit zu bejahen. Ein Irrtum wurde mithin durch die Fehlkalkulation der Projektgruppe erregt und durch G unterhalten.

c) Vermögensverfügung

Nach der Täuschung und der Erregung des Irrtums, muss außerdem eine Vermögensverfügung stattgefunden haben. Die Vermögensverfügung ist damit jedes Verhalten, durch welches das Vermögen unmittelbar beeinträchtigt wird.[33] Die Vermögensverfügung steht in sehr engem Zusammenhang mit dem Vermögensschaden des Opfers bzw. mit dem Vermögensvorteil des Täters. Fraglich ist, worin der Sinn dieses Tatbestandsmerkmals liegt. Macht man sich jedoch bewusst, dass der Betrugstatbestand als Selbstbeschädigungsdelikt ausgelegt ist, so wird klar, dass durch die Vermögensverfügung gerade eine Abgrenzung zu Delikten erfolgen kann, bei denen das Opfer gerade nicht handelt, sondern Fremdschädigung eintritt (Diebstahl).[34] Die Vermögensverfügung ist ein nicht in der Vorschrift niedergeschriebenes Merkmal des Betrugs.[35] Vermögensverfügungen können in 4 Muster diversifiziert werden. Der Grundfall ist das Erfüllen einer Verbindlichkeit durch das Opfer. Weiterhin kommt noch das Eingehen einer Verbindlichkeit, die Annahme von Gegenständen als Erfüllung sowie das nicht geltend machen von Ansprüchen in Betracht.[36] Im vorliegenden Fall wurden den Anliegern Gebührenbescheide durch die Mitarbeiter der Abrechnungsstelle der BSR zugestellt. Diese mussten auf die Korrektheit der Gebührenbescheide vertrauen und zahlten diese dementsprechend. Durch dieses Verhalten wurde natürlich deren Vermögen nur durch die unrechtmäßige Einbeziehung der Straßenreinigungskosten für Straßen ohne Anlieger wirklich geschädigt.

---

[33] Arzt/Weber, Strafrecht Besonderer Teil, S. 493, Rn. 69.
[34] Arzt/Weber, Strafrecht Besonderer Teil, S. 493, Rn. 70.
[35] Maurach/Schroeder/Maiwald, Strafrecht Besonderer Teil, § 41 II, Rn. 71.
[36] Arzt/Weber, Strafrecht Besonderer Teil, S. 493, Rn. 71.

Für einen Großteil der Gebühren wurde schließlich eine Leistung erbracht. Nichtsdestotrotz lag aber eine Verfügung nach der obigen Definition vor, durch welche gerade die Selbstschädigung in Form der Erfüllung einer Verbindlichkeit verwirklicht wurde.

d) Vermögensschaden

1. Der definitorische Ansatz des Reichsgerichts

Ein Vermögensschaden im Falle eines Betrugs wurde bereits von dem Reichsgericht dann angenommen, „wenn der Gesamtvermögensstand nach der Verfügung ein Minus gegenüber seinem früheren Bestande" aufwies und sich daraus eine für den Verfügenden nachteilige Vermögensdifferenz ergab.[37]

2. Individuell-objektiver Schadensbegriff, subjektiver Schadensbegriff

Neuere definitorische Ansätze stellen zunächst auf den Vermögensbegriff als „Summe aller geldwerten Güter" einer bestimmten Person ab,[38] wobei der Begriff der geldwerten Güter klarstellt, dass hiermit eine Abweichung von älteren Ansätzen erfolgt, die alle subjektiven Rechte einer Person einbezogen haben, ohne auf den Vermögenswert zu bestehen. Hinsichtlich des Schadens wird zum einen der individuell-objektive Schadensbegriff der h.M. andererseits ein subjektiver Schadensbegriff vertreten. Ersterer stellt darauf ab, dass ein Schaden nur dann besteht, wenn durch das Ausscheiden einer Vermögensposition nicht durch den späteren Zugang einer mindestens gleichwertigen Vermögensposition kompensiert wird, während der subjektive Schadensbegriff bereits eine Verletzung der Dispositionsfreiheit des Individuums genügen lässt.[39]

---

[37] RG 68, 379: Abgedruckt in Maurach/Schroeder/Maiwald,
Strafrecht Besonderer Teil, § 41 II, Rn. 107.
[38] Joecks, Studienkommentar StGB, S. 611, Rn. 101.
[39] Joecks, Studienkommentar StGB, S. 611, Rn. 102 ff..

3. Prüfung des Vermögensschadens

Wie bereits eingangs erwähnt, wurde durch die Anweisung des Angeklagten G, den Kalkulationsfehler in der Gebührenberechnung nicht zu korrigieren, einerseits von den zahlungspflichtigen Anliegern im Bundesland Berlin 23 Millionen Euro an Straßenreinigungsgebühren für Straßenabschnitte ohne Anlieger verlangt, die das Land Berlin nach dem StrReinG BER hätte tragen müssen. Andererseits wurde gegenüber dem Senat die Erstattung der Kosten für die o.g. Straßen ohne Anlieger beantragt.[40] Faktisch wurde die Straßenreinigung dieser Abschnitte also doppelt in Rechnung gestellt. Zu beachten ist, dass die BSR als Anstalt des öffentlichen Rechts den öffentlich-rechtlichen Gebührengrundsätzen zum Tatzeitpunkt unterlag und demnach auch zum Tatzeitpunkt zur Einhaltung des Kostendeckungsprinzips verpflichtet war. Die Mehreinnahmen wurden nicht etwa unterschlagen, sie hätten also in nachfolgenden Perioden zwangsläufig zu einer Absenkung der Gebühren geführt, da der BSR die Gewinnerzielungsabsicht nicht immanent ist.[41]

Folgt man nun dem individuell-objektiven Schadensbegriff, ergibt sich indessen grundsätzlich kein Schaden, wenn man daran festhält, dass die Mehrgebühren des einen Jahres durch niedrigere Gebühren in den Folgejahren kompensiert werden würden. Insofern fände ein Ausgleich des Ausscheidens einer Vermögensposition in gleicher Höhe statt. Der Eintritt eines Schadens erscheint demnach sehr fraglich. Zu beachten ist jedoch, dass nicht alle Anlieger von dieser prognostizierten Vergünstigung profitiert hätten. Diejenigen, welche in eine andere Stadt gezogen wären hätten auch dann, zumindest einen geringfügigen, Vermögensschaden davongetragen.

Legt man jedoch den subjektiven Schadensbegriff zugrunde, so kommt man im Ergebnis zu der Feststellung, dass die Dispositionsfreiheit der Gebührenzahler verletzt wurde. Ihnen wurden evident nicht gerechtfertigte Gebühren in Rechnung gestellt und somit in Ihre Dispositionsfreiheit eingegriffen. Ob dieser Vermögensnachteil später kompensiert worden wäre, ist demnach

---

[40] Juris Urteilsbesprechung, BGH 5 StR 394/08, Rn. 5.
[41] Juris Urteilsbesprechung, BGH 5 StR 394/08, Rn. 25.

gerade nicht relevant. Folglich liegt nach dem subjektiven Schadensbegriff ein Vermögensschaden vor.

II. Der subjektive Tatbestand des Betrugs

Sofern man den Eintritt eines Vermögensschadens befürwortet, ist der objektive Tatbestand des Betrugs durch G verwirklicht worden. Zudem müsste dann aber auch der subjektive Tatbestand erfüllt sein. Demnach ist notwendig, dass G in Bezug auf alle Bestandteile des objektiven Tatbestands mit Vorsatz gehandelt hat und die Intention bestand, sich selbst oder einen Dritten zu bereichern.[42]

a) Handeln mit Vorsatz

G müsste in Bezug auf alle Teile des objektiven Tatbestands also Täuschung, Irrtum, Vermögensverfügung und Vermögensschaden mit Vorsatz gehandelt haben.[43] Bedingter Vorsatz, dolus eventualis, ist jedoch bereits ausreichend.[44] Demnach handelte G mit bedingtem Vorsatz, wenn er es lediglich für möglich hielt, dass der Tatbestand verwirklicht wird, mit Vorsatz hingegen wenn er dies wollte.[45] G hatte den Kalkulationsfehler der Projektgruppe „Tarifkalkulation", den er als Vorstandsmitglied ohnehin hätte entdecken müssen, erst nach Ablauf von 2 Jahren aufgeklärt.[46] Folge einer Korrektur wäre gewesen, dass Gebührenabsenkungen notwendig geworden wären. Dies wollte G gerade verhindern und gab so die Anweisung, den Kalkulationsfehler fortzuführen. Somit wollte er den Fehler vertuschen und nahm in diesem Zuge zumindest die Verwirklichung des Betrugstatbestands in Kauf. Dolus eventualis ist folglich bezüglich aller objektiven Tatbestandsmerkmale anzunehmen, wonach die Voraussetzung des Handelns mit Vorsatz (bedingtem Vorsatz) gegeben ist.

---

[42] Joecks, Studienkommentar StGB, S. 611, Rn. 166.
[43] Maurach/Schroeder/Maiwald, Strafrecht Besonderer Teil, § 41 II, Rn. 136.
[44] Janssen in: Achenbach/Ransiek (Hrsg.), Handbuch Wirtschaftsstrafrecht, S. 564, Rn. 154.
[45] Joecks, Studienkommentar StGB, S. 611, Rn. 167.
[46] Juris Urteilsbesprechung, BGH 5 StR 394/08, Rn. 4 ff..

b) Handeln mit Bereicherungsabsicht

Desweiteren müsste G auch mit der Absicht gehandelt haben, sich oder einen Dritten zu bereichern, wobei wiederum dolus eventualis als ausreichend anzusehen ist.[47] Die Bereicherungsabsicht des G selbst war nie gegeben und wäre auch kaum bei ordnungsgemäßer Buchführung einer Anstalt des öffentlichen Rechts zu verwirklichen gewesen. Es kommt also auf die Bereicherung eines Dritten an, wobei die BSR in Frage käme. Eine Bereicherung dieser hat G nicht explizit gewollt, Vorsatz scheidet demnach aus. Ihm war aber wohl gleichgültig, dass eine Bereicherung bei der BSR eintritt, um sein Ziel, die Vertuschung der Fehlkalkulation, zu erreichen. Hiernach nahm er die Bereicherung der BSR in Kauf und handelte mitunter mit bedingtem Vorsatz.

Der Vermögensvorteil müsste zudem rechtswidrig erlangt worden sein, der Täter darf folglich keinen Anspruch auf die Leistung gehabt haben.[48] Die Rechtswidrigkeit wurde bereits in Abschnitt B II ausführlich erläutert, insofern wird auf diese Ausführungen verwiesen. Der Vermögensvorteil der BSR, der jedoch streitig ist, wurde demzufolge rechtswidrig erlangt.

Abschließend ist festzustellen, dass auch die subjektiven Tatbestandsmerkmale dann erfüllt sind, wenn man den Vermögensschaden der betroffenen Berliner Bürger als gegeben ansieht. Nach dieser Ansicht wäre der Betrugstatbestand durch G verwirklicht worden.

D. Prüfung der Gebührenüberhebung nach § 352 StGB

Infrage käme weiterhin eine Gebührenüberhebung i.S.v. § 352 StGB. Diese Vorschrift ist als Sondertatbestand des Betrugs ausgestaltet und schützt wie § 263 StGB das Vermögen einer Rechtspersönlichkeit.[49] Aus dem objektiven Tatbestand der Vorschrift geht zunächst hervor, dass nur ein Amtsträger,

---

[47] Joecks, Studienkommentar StGB, S. 611, Rn. 168.
[48] Maurach/Schroeder/Maiwald, Strafrecht Besonderer Teil, § 41 II, Rn. 143.
[49] Sinner in: Matt/Renzikowski, Strafgesetzbuch Kommentar, S. 2704, Rn. 1.

Anwalt oder sonstiger Rechtsbeistand als Täter in Betracht kommt. Insofern kann der Tatbestand nicht von jedermann verwirklicht werden, worin ein wesentlicher Unterschied hinsichtlich des Täterkreises im Vergleich zu § 263 StGB zu sehen ist. G ist als Vorstandsmitglied der BSR, einer Anstalt des öffentlichen Rechts unstreitig als Amtsträger anzusehen. Weiterhin müsste dieser Gebühren oder andere Vergütungen erhoben haben. Als Vergütung ist zunächst der weitere Begriff zu sehen, welcher für die Entrichtung eines Entgelts aufgrund der Vornahme einer amtlichen Verrichtung charakterisierend ist. Die Gebühr ist lediglich eine Unterart der Vergütung, wesentlicher Unterschied zur Vergütung ist, dass eine Begleichung in Geld fällig wird.[50] Auch dieses Erfordernis ist unzweifelhaft erfüllt, mit den fehlerhaft kalkulierten Gebührenbescheiden sollten die Reinigungsgebühren gegenüber den Bürgern erhoben werden. Einschlägig ist somit eine Gebührenerhebung.

Desweiteren müsste die Erhebung zudem auch zum Vorteil des G gewesen sein. Zunächst ist in diesem Sinne festzustellen, dass der Kalkulationsfehler der Projektgruppe „Tarifkalkulation" erst nach 2 Jahren bemerkt wurde. Eine Kontrolle der Projektgruppe oblag dem G als Vorstandsmitglied. Als G im folgenden jedoch die interne Anweisung gab, den Fehler fortzuschreiben, tat er dies, um die Fehlkalkulation unter seiner Verantwortung zu vertuschen.[51] Insofern könnte dieses Vertuschen und die damit verbundene Erhebung höherer Gebühren als Vorteil des G gesehen werden. Geht man jedoch über eine grammatikalische Auslegung der Vorschrift hinweg und führt eine teleologische Auslegung durch, so kommt man zu dem Ergebnis, dass der Gesetzgeber gerade durch die Vorschrift das Vermögen schützen wollte und somit nur ein geldwerter Vorteil in Betracht kommt. Als Vorstandsmitglied einer öffentlich rechtlichen Anstalt konnte G gerade nicht von einer Erhebung höherer Gebühren profitieren. Vielmehr hätten die höheren Gebühren in den Folgejahren zu einer Absenkung dieser führen müssen (s.o.). Folglich wird der objektive Tatbestand der Vorschrift nicht verwirklicht. Eine Gebührenüberhebung durch G lag mithin nicht vor.

---

[50] Sinner in: Matt/Renzikowski, Strafgesetzbuch Kommentar, S. 2704, Rn. 4.
[51] Juris Urteilsbesprechung, BGH 5 StR 394/08, Rn. 5.

E. Prüfung der Abgabenüberhebung nach § 353 StGB

Nachdem der Tatbestand der Gebührenüberhebung nicht erfüllt ist, könnte jedoch eine Abgabenüberhebung einschlägig sein. § 353 StGB schützt wie bereits § 352 StGB das Vermögen, zusätzlich jedoch auch die einwandfrei öffentliche Kassenführung.[52] Zunächst müsste der objektive Tatbestand der Vorschrift verwirklicht worden sein. Hierzu müsste G als Amtsträger Gebühren für eine öffentliche Kasse erhoben haben.. Das Merkmal der Amtsträgerschaft und der Gebührenerhebung wurde bereits im Tatbestand von § 352 StGB geprüft und bejaht (s.o.). Im Unterschied zu § 352 StGB wird hier jedoch gefordert, dass für eine öffentliche Kasse gehandelt wurde. Als öffentliche Kassen können alle Kassen des Staates, die Kassen der Behörden auf kommunaler Ebene und solche von Körperschaften und Anstalten des öffentlichen Rechts bezeichnet werden.[53] Die Erhebung der Gebühren geschah im vorliegenden Fall für die BSR, einer Anstalt des öffentlichen Rechts.[54] Demzufolge ist auch dieses Tatbestandsmerkmal erfüllt. G müsste weiterhin gewusst haben, dass die Adressaten der Gebührenbescheide die höheren Gebühren nicht zu zahlen hatten. G war Vorstandsmitglied der BSR und für den Bereich kaufmännische Dienstleistungen verantwortlich. G wusste, dass die Reinigungskosten für Straßen ohne Anlieger ausschließlich durch das Land Berlin zu tragen waren (§7 VI StrReinG BER). Nichtsdestotrotz gab er die Anweisung, den Kalkulationsfehler, durch welchen die sonstigen Anlieger mit diesen Kosten belastet wurden, gerade nicht zu korrigieren.[55] Somit wusste G , dass die Adressaten der Gebührenbescheide die Gebühren für die Straßen ohne Anlieger nicht schuldeten. Abschließend müsste G die rechtswidrig erhobenen Gebühren ganz oder teilweise nicht zur Kasse gebracht haben. Die Mehreinnahmen durch die Fortschreibung des Kalkulationsfehlers wurden jedoch zur Kasse gebracht und nicht unterschlagen. Sie hätten mithin in einer späteren Periode zu Gebührenabsenkungen führen müssen. Demnach fand gerade keine Unterschlagung der Gebühren statt.

---

[52] Joecks, Studienkommentar StGB, S. 834, Rn. 1.
[53] Sinner in: Matt/Renzikowski, Strafgesetzbuch Kommentar, S. 2707, Rn. 3.
[54] Juris Urteilsbesprechung, BGH 5 StR 394/08, Rn. 3.
[55] Juris Urteilsbesprechung, BGH 5 StR 394/08, Rn. 4.

Die Verwirklichung des objektiven Tatbestands scheitert somit. Auch eine Abgabenüberhebung ist nicht einschlägig.

F. Entscheidungen des LG und BGH

Wie bereits erwähnt hat sich vor dem 5. Strafsenat des BGH die Wirtschaftsstrafkammer des Landgerichts Berlin mit dem einschlägigen Fall befasst. Nach der Auffassung des Landgerichts ist der Betrugtatbestand in mittelbarer Täterschaft seitens des G verwirklicht worden. Die Mitarbeiter der Abrechnungsstelle der BSR wurde als „gutgläubige Werkzeuge" des G angesehen, die von einer korrekten Tarifkalkulation ausgingen und auf dieser Grundlage die Gebührenbescheide erließen. Die sehr kontrovers zu diskutierende Fragestellung, ob nun ein Schaden eingetreten sei, wurde mit der Begründung bejaht, dass mit Zahlung der überhöhten Entgelte der Schaden eingetreten ist und dieser auch nicht durch eine spätere Nachkalkulation entfallen sei.[56] G wurde dementsprechend zu einer Freiheitsstrafe von zweieinhalb Jahren verurteilt, wobei diese effektiv nur 2 Jahre und 3 Monate betrug, da als Entschädigung für die außergewöhnlich lange Verfahrensdauer 3 Monate der Gesamtstrafe als vollstreckt anerkannt wurden.[57] Im weiteren Verlauf kam es jedoch zur Revision des Angeklagten G, woraufhin sich der BGH mit der Angelegenheit zu befassen hatte. Dieser hatte demzufolge darüber zu entscheiden, ob der Angeklagte G freizusprechen, der Schuldspruch zu berichtigen oder die Entscheidung aufzuheben sei.[58] Die Entscheidung fiel auf eine Aufhebung des Landgerichtsurteils i.S.v. § 349 IV StPO. Ein neuer Tatrichter wird sich insofern mit den Geschehnissen zu befassen haben. Insbesondere ist mit weiteren Verfahrensverzögerungen zu rechnen, woraufhin die Haftstrafe gegebenenfalls weiter zu reduzieren ist.[59]

---

[56] Juris Urteilsbesprechung, BGH 5 StR 394/08, Rn. 6.
[57] Juris Urteilsbesprechung, BGH 5 StR 394/08, Rn. 1.
[58] Lutz/Meyer-Goßner, Strafprozessordnung, S. 1151, Rn. 29.
[59] Juris Urteilsbesprechung, BGH 5 StR 394/08, Rn. 27.

G. Fazit

Retrospektiv kann gesagt werden, dass Wirtschaftskriminalität und Abrechnungsdelikte wie im Beispiel des diskutierten Urteils nicht zu unterschätzen sind und beunruhigende Ausmaße annehmen. Hierbei geht man davon aus, etwa 80 % der Fälle schwerer Wirtschaftskriminalität von Unternehmen begangen werden.[60] Speziell der Abrechnungsbetrug spielt selbstverständlich im unternehmerischen Bereich eine große Rolle. Weiterhin ergibt sich aber auch eine nicht unwesentlicher Schaden für die Versicherungsgemeinschaft der Krankenversicherten durch den Abrechnungsbetrug von Ärzten. Diese geben zumeist Leistungsziffern für Behandlungen und Dienstleistungen an, die sie überhaupt nicht erbracht haben.[61]

War die Entscheidung des BGH, das Landgerichtsurteil aufzuheben im Sinne der Bekämpfung der Wirtschaftskriminalität und insbesondere der Betrugsdelikte korrekt?

Zurückkommend auf den Beschluss des 5. Strafsenats und das Urteil des Landgerichts Berlin, ist erneut zu betonen, dass bei der Prüfung des Betrugstatbestandes die wesentliche Fragestellung darin zu sehen ist, ob ein Vermögensschaden bei den Anliegern eingetreten ist. Es ist mitunter leicht, dies abzulehnen, ebenso lassen sich aber auch Argumente dafür anführen.
Sofern man den Betrugstatbestand aus diesem Grund aber nicht als erfüllt ansieht, ergibt sich eine Strafbarkeitsproblematik, da gleichzeitig auch die Sondertatbestände der Abgaben- bzw. Gebührenüberhebung evident nicht erfüllt sind. Nach dem strafrechtlichen Grundsatz *nulla poena sine lege* verbiete sich dann bereits eine Strafbarkeit. Andererseits ist das Strafrecht von dem Grundsatz der gerechten Vergeltung des Schadens geprägt, der durch die Tat eingetreten ist.[62]

---

[60] Eidam, Straftäter Unternehmen, S. 75.
[61] Wabnitz/Janovsky, Handbuch des Wirtschafts- und Steuerstrafrechts, S. 767, Rn. 11.
[62] Eidam, Straftäter Unternehmen, S. 66.

Macht man sich klar, dass Gebühren i.H.v. 23 Millionen Euro Anliegern aufgebürdet wurden, die diese Kraft Gesetz nicht zu tragen hatten,[63] lässt sich ein Schaden und damit eine Sanktion auch dann kaum ablehnen, wenn man sich vor Augen führt, dass spätere Gebührensenkungen zu einer Relativierung des Schadens geführt hätten. Insofern war das Urteil des Landgerichts nach Ansicht des Verfassers zu befürworten.

Abschließend stellt sich die Frage, wie einer Häufung von Betrugsdelikten entgegengewirkt werden kann. Dies könnte unter anderem dadurch geschehen, dass unter Einflussnahme durch redliche Politiker und der Medien ein Umdenken in Richtung Rechtstreue und moralischem Handeln geschieht.[64]

---

[63] Juris Urteilsbesprechung, BGH 5 StR 394/08, Rn. 5.
[64] Müller/Wabnitz/Janovsky, Wirtschaftskriminalität, S. 2, Rn. 3.

Literaturverzeichnis

Kommentare, Handbücher, Fachpublikationen

Achenbach/Ransiek (Hrsg.)	Handbuch Wirtschaftsstrafrecht, 3. Auflage, 2012, Heidelberg
Arzt/Weber	Strafrecht – Besonderer Teil, 1. Auflage, 2000, Bielefeld
Eidam, Gerd	Straftäter Unternehmen, 1. Auflage, 1997, München
Gropp, Walter	Strafrecht Allgemeiner Teil, 2. Auflage, 2001, Berlin
Joecks, Wolfgang	Studienkommentar StGB, 10. Auflage, 2012, München
Kaiser, Gunther	Kriminologie, 3. Auflage, 1996, Heidelberg
Lutz/Meyer-Goßner	Strafprozessordnung, 46. Auflage, 2003, München
Matt/Renzikowski	Strafgesetzbuch Kommentar, 1. Auflage, 2013, München
Maurach/Schroeder/ Maiwald	Strafrecht - Besonderer Teil, 9. Auflage, 2003, Heidelberg

Müller/Wabnitz/Janovsky	Wirtschaftskriminalität, 4. Auflage, 1997, München
BKA	PKS 2003, 51. Auflage, 2004, Wiesbaden
BKA	PKS 2012, 60. Auflage, 2013, Wiesbaden
Wabnitz/Janovsky	Handbuch des Wirtschafts- und Steuerstrafrechts, 1. Auflage, 2000, München